El Ministerio
de la Comunión

Michael Kwatera, O.S.B.

Traducción y Adaptación al español
Marina Herrera, Ph.D.

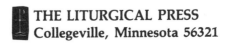

THE LITURGICAL PRESS
Collegeville, Minnesota 56321

Foto en la portada: James L. Schaffer.
Diseño de la portada: Ann Blattner.

4   5   6   7   8   9

*Dedico este librito
a los ministros especiales de la Sagrada Comunión
que sirven a la Iglesia
y a la comunidad hispana en los Estados Unidos.*

Contenido

Prefacio

Ofrezco este librito a las personas que han sido identificadas con varios títulos: "ministros especiales de la Sagrada Comunión", "ministros de la Eucaristía", "ministros de la Comunión." Estas personas, no importa el título, se han convertido en parte indispensable del ministerio de la Comunión en las parroquias y en las comunidades religiosas.

Tú haz aceptado compartir este ministerio. No importa donde lo ejerzas, no eres un *distribuidor* de la Comunión (un *distribuidor* es parte del sistema eléctrico del motor de un automóvil o un comerciante). Tú eres un ministro de la Comunión, un título que te identifica claramente como un siervo del pueblo de Dios. El Papa Pablo VI explicó la necesidad de este ministerio en su Instrucción para Facilitar el Sacramento de la Comunión Eucarística en Circumstancias Especiales (1973) cuando describió que la falta de clérigos suficientes para compartir la Comunión puede ocurrir:

> Durante la Misa, debido al tamaño de la congregación o a una dificultad particular en la que se encuentra el celebrante; fuera de la Misa, cuando se hace difícil llevar las especies sagradas, debido a la distancia especialmente el Viático, a los enfermos en peligro de muerte, o cuando un gran número de enfermos, especialmente en hospitales e instituciones similares, requieren muchos ministros.[1]

Teniendo estas circumstancias en mente, el Papa Pablo VI autorizó ministros especiales de la Comunión para compartir el Cuerpo y la Sangre de Cristo con sus hermanos y hermanas feligreses en la asamblea y con los que están confinados en sus hogares, para que "nadie sea privado de esta ayuda y consuelo sacramental."[2]

Las exhortaciones del Papa Pio X a la frecuente y temprana recepción de la Comunión (1905, 1910) han tenido como resultado un número sin precedentes de católicos recibiendo la Comunión en cada Misa. Los ministros especiales de la Comunión prestan un servicio valiosísimo en aquellos lugares en que "el número de fieles que pide la Sagrada Comunión es tal que la celebración de la Misa o la distribución de las Eucaristía se prolongaría demasiado."[3] Como ministro especial de la Comunión, tú ayudas a que el rito de la Comunión de la celebración eucarística, a pesar de su importancia, no sea demasiado largo en relación a las otras partes. Tu ministerio también hace posible que tu comunidad participe en la Comunión cuando no es posible que haya un sacerdote presente para celebrar la Eucaristía.

En el pasado, la falta de sacerdotes, diáconos y acólitos era causa de que muchos enfermos y los que no tenían mobilidad se vieran privados de la Eucaristía por largos períodos de tiempo. Ahora, a causa de tu ministerio, ellos pueden recibir a su Salvador en la Comunión con más frecuencia.

En el 1978, los obispos de los Estados Unidos resolvieron extender permiso para que la congregación recibiera el pan y el vino en la misa del domingo y días de fiesta. Esta práctica hace sentir más la necesidad de ministros especiales para compartir la Comunión y esta necesidad seguirá creciendo. En estos momentos, es posible que aquí en los Estados Unidos haya más gente que recibe la Eucaristía de manos de un ministro especial que de un sacerdote. Esta importante función de los laicos en el ministerio de la Comunión está aquí permanentemente.

Tu ministerio complementa y extiende el ministerio de los sacerdotes. Pero tu ministerio no es de ser asistente oficial del clero; es una manera especial de ejercer tu vocación sacerdotal que recibiste en el bautismo. Tu posición dentro de la comunidad es de servir y no puedes perder de vista tu unión con ellos, ni tu unidad con el sacerdote que preside y que sirve a la congregación en su acto de culto. También tienes un ministerio para con los ministros litúrgicos: compartir con ellos la alegría y la fuerza que este servicio te da para edificarlos en el amor. Es mi esperanza que este librito aumente esa alegría y renueve tu fortaleza en el ministerio de la Comunión.*

MICHAEL KWATERA, O.S.B.

Solemnidad de la Inmaculada Concepción
8 de diciembre de 1987

*Mis comentarios y sugerencias se basan en el excelente trabajo *Touchstones for Liturgical Ministers* que fue publicado conjuntamente por *The Liturgical Conference* y *The Federation of Diocesan Liturgical Commissions (1978)*.

Ser y dar
el Cuerpo de Cristo

Una Vida de Ministerio

Tomen el ejemplo de nuestro cuerpo: él es uno, aunque tenga varias partes, pero no todas tienen la misma función. Lo mismo nosotros, con ser muchos, no formamos sino un solo cuerpo en Cristo, y dependemos unos de otros (Rom 12:4-5).

Pensamos fácilmente que el pan y el vino de la Eucaristía son algo sagrado, algo lleno de la vida de Dios y eso es como debe ser. La Eucaristía es el Cuerpo y la Sangre de Jesucristo, el Hijo de Dios. Pero a pesar de esto, en la Eucaristía, Dios prefiere empezar con algo que viene de nosotros, con algo que es *humano*. Dios creador empieza con alimentos humanos, pan y vino y permite que se conviertan en el Cuerpo y la Sangre de su Hijo por medio del poder del Espíritu Santo. Dios deja que empezemos con nuestro pan, símbolo de todo lo que alimenta nuestra vida humana y con nuestro vino, símbolo de todo lo que alegra y entristece a nuestra vida para que podamos compartir las alegrías y las penas de su Hijo al comer y beber en su memoria. El pan y el vino que ponemos en el altar, dones humanos de poco valor material, tienen que ser transformados por el Espíritu de Dios para convertirse en el Cuerpo y la Sangre de Cristo. Entonces recibimos nuestros pobres dones humanos transformados en el don más precioso del amor de Dios: su Hijo muy amado.

En la Eucaristía, Dios empieza con lo *humano*, el pan y el vino en el altar y el pan y el vino de nuestras vidas, y los transforma en algo que va más allá de lo humano y que es *divino*. Pan y vino, hechos por manos humanas, se convierten en el Cuerpo y la Sangre de Cristo. Pero los cambios van más allá; al recibir el Cuerpo y la Sangre de Cristo, ¡nos convertimos en lo que recibimos! San Agustín, obispo de Hipona, Africa del Norte, en el siglo quinto predicaba con frecuencia sobre este milagro y lo repetía cada año a los nuevos bautizados durante la Pascua: "Porque el Señor sufrió por nosotros, Él nos dejó en este sacramento su Cuerpo y Sangre, los cuales Él hizo al igual que a nosotros. Nos hemos convertido en su Cuerpo, y por su misericordia somos lo que recibimos."[4] Al convertirnos en miembros del Cuerpo de Cristo por medio del Bautismo tomamos nuestro lugar en el círculo íntimo de los que adoran a Dios, ese círculo familiar que vislumbramos en la carta imaginaria de San Lucas en el libro de Roger Lloyd, *Las Cartas de Lucas el Médico*. Allí Lucas describe una celebración de la Eucaristía a un amigo curioso:

> Si miras a los feligreses te parecerán gente muy común y ordinaria y hasta mediocres. Pero eso sería porque sólo los estás mirando críticamente desde afuera. Nadie puede entender lo que significa para nosotros a menos que uno sea parte integral de la experiencia, que uno esté dentro del círculo y comparta en la experiencia profunda de rendir culto a nuestro Señor Jesús.[5]

Al igual que San Lucas y San Pablo, San Agustín creía que al compartir en la Eucaristía somos transformados. San Agustín repetía este sentimiento frecuentemente, para que su congregación no se olvidara que al recibir el Cuerpo de Cristo ellos se convertían en el Cuerpo de Cristo. "¡Consideren lo que han recibido!" les decía. "Al igual que ustedes ven como el pan se convierte en una masa, así espero que ustedes sean un sólo

Cuerpo amándose unos a otros, teniendo una misma fe, una misma esperanza y una caridad sin divisiones."[6] Esta es la gran dignidad y la responsabilidad de los que compartimos el Cuerpo y Sangre de Cristo: nuestras vidas tienen que confirmar que el Cuerpo de Cristo es uno en fe, esperanza y amor, aunque tiene muchos miembros. Y en caso de que aún quedaran en la congregación de San Agustín algunos que no entendieran esta idea, él hizo una declaración que nos sorprende por su simple verdad: "Allí están ustedes sobre la mesa y allí están ustedes en el cáliz."[7] Nosotros, aunque somos muchos, somos miembros del mismo Cuerpo de Cristo; somo uno con Cristo nuestra Cabeza en la Eucaristía. Por medio de los dones del pan y el vino y de nuestras vidas, y por medio del don divino del Hijo amado del Padre, nos convertimos en lo que recibimos en la Eucaristía: en el Cuerpo de Cristo. Esta transformación maravillosa es lo que Cesáreo Gabarain, autor de la canción "Una Espiga," nos invita a celebrar:

> Comulgamos la misma comunión,
> somos trigo del mismo sembrador,
> un molino la vida nos tritura con dolor,
> Dios nos hace Eucaristía en el amor.

> Como granos que han hecho el mismo pan,
> como notas que tejen un cantar,
> como gotas de agua que se funden en el mar,
> los cristianos un cuerpo formarán.

Los ministros especiales de la Sagrada Comunión, tienen una responsabilidad más: tienen que convertirse en lo que *dan*. Tienen que convertirse en el Cuerpo de Cristo y vivir como ese Cuerpo que dan a sus hermanos y hermanas. En ustedes, al igual que en el pan y el vino de la Eucaristía, Dios empieza con lo *humano* y saca de ello algo que va más allá de lo humano. Dios les ha dado la oportunidad de participar en un ministerio que los humanos no merecen y no podrían osar pedir ellos mismos. La llamada a servir es tan inesperada e inmerecida como la del muchacho en la multiplicación de los panes y los peces (Juan 6:1-15). Cuando Jesús quiso dar de comer a la gran muchedumbre hambrienta que le escuchaba, él no pidió al Padre que creara panes y peces del aire. Jesús empezó ese gran milagro con los panes y los peces que le proporcionó el muchacho. ¡Qué alegría y qué sorpresa debe haber sentido él al saber que Jesús había decidido usar sus panes y sus peces en un milagro tan grande! El muchacho y la multitud que habían compartido el almuerzo aprendieron que a Dios le gusta empezar con lo humano cuando actúa para los humanos y con ellos. Dios empieza con lo *humano*, con nosotros, para llevarnos a posibilidades más allá de las humanas. Eso es lo que Jesús hizo por la muchedumbre hambrienta cerca de la montaña en Galilea; eso es lo que Jesús hace por nosotros los que aceptamos la llamada de Dios al ministerio y también por los que nosotros servimos.

Por medio de tu servicio humilde como ministro de la Comunión, Dios te une a los miembros del Cuerpo de Cristo y los convierte a todos en ese Cuerpo. Pero Dios no hace esto sin lo *humano:* ¡Dios ama lo humano demasiado para ignorarlo! Las cualidades humanas, personales e interiores de un ministro especial pueden construir o destruir el Cuerpo de Cristo, ese templo de Dios en el Espíritu compuesto de nuestros hermanos y hermanas en Cristo. El "Rito de Comisión para los Ministros Especiales de la Sagrada Comunión" contiene palabras que merecen repetirse con frecuencia: "En este ministerio, ustedes tienen que ser ejemplos de vida cristiana en fe y en obras; tienen que luchar para crecer en santidad por medio de este sacramento de unidad y amor. Recuerden que, aunque somos muchos, somos un sólo cuerpo porque compartimos el mismo pan y el mismo cáliz."[8]

Tiene que haber unidad entre tu vida dentro y fuera de la liturgia: "La meta común de los diversos ministerios litúrgicos no es una ceremonia pero una vida común en unión fiel con todo el pueblo santo de Dios y con las cosas sagradas. Por esta razón, no se debe ver a los ministros litúrgicos haciendo cosas en la liturgia que no se les ve haciendo fuera de ella."[9] En otras palabras, tu servicio como ministro dentro de la liturgia debe hacer visible la fe y el amor que manifiestas fuera de la liturgia. Entregarse generosamente, como se entregó Cristo hasta la muerte, tiene que caracterizar tu vida interior y exterior, dentro y fuera de la liturgia. San Agustín exhortaba a sus oyentes a entregarse de este modo cuando alababa a San Lorenzo, diácono y mártir, que administraba el cáliz de la Sangre del Señor: "Al igual que él había participado en el don de sí mismo en la mesa del Señor, él se preparó a ofrecer ese don. En su vida el amó a Cristo y en su muerte él siguió sus pasos."[10] De igual manera, tu amor por Cristo presente en la Eucaristía y en su pueblo hará que el pan y el vino que sirves a otros sean signos genuinos del amor sacrificado de Cristo y *del tuyo*. El pan y el vino que sirves a otros serán señales externas del amor que mana del corazón de Cristo y del tuyo.

"Entonces, si quieres entender el cuerpo de Cristo," dice San Agustín, "recuerda lo que el Apóstol dice: 'Ustedes son el cuerpo de Cristo y cada uno es parte de él' (1 Cor 12:27). Si tú eres entonces el cuerpo de Cristo y uno de sus miembros, es tu propio misterio lo que está en la mesa del Señor; es tu propio misterio lo que recibes. Dices 'Amén' a lo que eres, y al decir 'Amén' lo confirmas. Porque oyes las palabras 'el Cuerpo de Cristo,' y respondes 'Amén'. Sé miembro del Cuerpo de Cristo para que tu 'Amén' sea auténtico."[11] Como ministro especial de la Sagrada Comunión te unes a tus hermanos y hermanas al decir "Amén" a Cristo al recibirlo en la Eucaristía; también los llevas por medio del "Amén" a hacer un acto de fe personal en Cristo presente en la Eucaristía y en ellos mismos. Deja que tu "Amén" aceptando ser miembro del Cuerpo de Cristo sea verdadero, para que ayudes a que el 'Amén" de los otros, aceptando ser miembros del Cuerpo de Cristo, también sea verdadero. Los obispos de los Estados Unidos piden

ese "Amén" verdadero en su declaración sobre el *Compromi-
so Cristiano*: los ministros litúrgicos, "para mostrar maneras
diferentes de vivir la vida bautismal de la fe . . . tienen que
tener una fe renovada en vista de la nueva responsabilidad que
la comunidad da al individuo. Estos momentos de dedicación
personal exigen reflexión, oración y discernimiento para que
las decisiones que se van a tomar respondan en verdad al
llamado de Dios."[12]

Esa reflexión, oración y discernimiento no son alimentos
de un día solamente, sino una dieta necesaria para sostener una
vida de servicio generoso al pueblo de Dios, dentro y fuera
de la liturgia. Tu vida como ministro especial de la Sagrada
Comunión tiene que ser una vida de *ser* y de *dar* el Cuerpo
de Cristo. Deja que tu "Amén" a esa vida de servicio sea real
y completo. Entonces encontrarás gran alegría en el Señor que
quiere estar presente en ti, en los que sirves, y en la Eucaristía
que te transforma en su Cuerpo.

Ser y Dar el
Cuerpo de Cristo

Sugerencias Prácticas

*Y todo lo que puedan decir o hacer, háganlo en nombre
del Señor Jesús (Col 3:17a).*

Las sugerencias que siguen son dirigidas a los ministros de
la Comunión en general. Por supuesto, no hay tal cosa como
un ministro de la Comunión "genérico" ya que cada ministro
es una persona única que ha sido comisionada para servir a
una comunidad en particular y aspectos particulares del
ministerio en esa comunidad (por ejemplo, arreglar el sitio
donde se celebra la misa) influirán en el servicio de cada ministro. Por eso no se trata de dar respuesta a la pregunta de si
los ministros de la Comunión deben ocupar lugares especiales
dentro del santuario durante la celebración Eucarística, o si deben llevar emblemas distintivos de su ministerio (tales como
cruces, botones o indumentaria). Esos signos pueden ser valio-
sos si en verdad ayudan a los ministros de la Comunión a servir mejor a los demás. Por ejemplo, si los ministros llevan una
cruz, eso les recordará a ellos y a las personas que ellos sirven,
que Cristo se sacrificó en la cruz, y el ofrecimiento que nosotros
debemos hacer en la Eucaristía; esas cruces o botones no deben ser prendas que se usan para exhibición.

Las Instrucciones Generales del Misal Romano donde hay reglas oficiales para la celebración de la Eucaristía tiene muy poco que decir sobre la indumentaria apropiada para los ministros de la Comunión. "Los ministros inferiores al diácono, pueden vestir alba u otra indumentaria legítimamente aprobada en cada región."[14] El "Rito de la Distribución de la Sagrada Comunión por un Ministro Especial" prescribe "la indumentaria acostumbrada en el país, o ropa que sea apropiada para este ministerio sagrado."[15] Las cuestiones sobre asiento y vestimenta apropiada, y sobre emblemas distintivos del ministerio, y el lavado de las manos antes y después de dar la Comunión deben ser tratadas por los ministros en consulta con el comité de liturgia y el párroco; no deben ser resueltas por un decreto del párroco.

Hay sólo unas cuantas sugerencias para los ministros de la Comunión a los enfermos ya que las personas que ellos sirven (los enfermos leves y graves, los ancianos, los confinados y los moribundos de todas las edades) y el lugar particular en que se desempeña este ministerio (una habitación específica, el hospital u hospicio) influirá en el servicio del ministro. Las tareas de los que desempeñan su ministerio dentro de la celebración litúrgica son diferentes a las tareas de los que llevan la Eucaristía a los enfermos. Los que sirven a los enfermos necesitan preparación especial (habilidad de escuchar, educación sobre el envejecimiento, y estudio de la teología de la enfermedad y de la muerte) que difiere de la que necesitan los ministros que funcionan dentro de la asamblea litúrgica. El Comité de liturgia debe proporcionar oportunidades de instrucción y crecimiento para ambas clases de ministros, y también "ofrecerles días de reflexión y renovación."

Ministerio de la Comunión dentro de la Asamblea

1. Tienes una función única y específica dentro de cada liturgia: el ministerio de la Comunión. Por eso no debes desempeñar otro papel tal como lector, acomodador, o director de música en la misma liturgia. Esta práctica puede parecer sin que se quiera como el monopolio de la Eucaristía por parte de una persona, mientras que la cooperación de diferentes ministros litúrgicos con la asamblea que ellos sirven mostrará que la liturgia es de la comunidad. Es posible que una emergencia requiera que sirvas en más de un ministerio; pero debido a la necesidad de respetar la integridad y variedad de todos los ministerios es esencial que nunca sea planificada así. El comité de liturgia debe asegurarse periódicamente de que hay suficientes ministros de la Comunión para que no se les imponga una carga innecesaria e indeseable. El boletín del Comité de los Obispos para la Liturgia dice:

> A manera de principio general es preferible aumentar el número de ministros de la Comunión que tener que usar el mismo ministro en varias Misas el mismo día. El ministro extraordinario debe desempeñar su papel en la Misa en que participa y no debe ser asignado a esperar (en la sacristía, casa parroquial u otro lugar) para distribuir la comunión en varias celebraciones. Es cierto que en cada parroquia se encontrará un número suficiente de personas cualificadas que servirán como ministros extraordinarios en las misas dominicales a que ellos asisten y por lo tanto es innecesario que ningún ministro extraordinario ayude en más de una Misa. Este es un caso donde un límite muy estricto del número de ministros especiales puede frustrar el propio desarrollo del ministerio litúrgico.[15]

2. Cuando compartimos el Cuerpo y la Sangre de Cristo estamos en comunión con él y con el prójimo. Esta comunión

con otras personas requiere que hagas la recepción de la Eucaristía lo más personal posible. Debes, por encima de todo, estar verdaderamente presente a los demás en el breve instante en el que compartes con ellos el acto de la Comunión. No puedes exhibir la fría eficiencia de una máquina vendedora, sino más bien el afecto caluroso que debemos a los hermanos y hermanas en Cristo, miembros unidos del Cuerpo de Cristo que compartes con ellos. El ministerio de la Comunión será positivo para ti y para los demás en el grado en que puedas centrarte en las personas igual que se centraba Jesús.

3. Trata de atender a las personas a quienes sirves y de sentirte cómodo con ellas, dentro y fuera de la liturgia. Esa atención y facilidad serán difíciles de manifestar dentro de la liturgia si no son parte normal de la vida de la persona. Evita los obstáculos que se interponen entre tú y la gente cuando das valor exagerado a la posición de la persona en la comunidad o distingues entre las diferentes clases sociales, el sexo, la edad o la raza. Todos los que se reunen alrededor de la mesa del Señor son hermanos y hermanas en el Señor; la asemblea se caracteriza por la igualdad en Jesucristo. En este clima de igualdad, (el único en el que el Señor Jesús se hace presente), los que sirven a los demás deben ser muy hospitalarios con todo el pueblo de Dios. Deben ofrecer a cada miembro de la asamblea la bienvenida afable que Dios extiende a los huéspedes de honor al banquete nupcial de su Hijo. Esta bienvendia se encarna en los ministros litúrgicos que sirven a sus hermanos y hermanas en la asamblea, la familia de los hijos hambrientos que desean llenarse de la vida de Dios al igual que se llenan los cálices de la Comunión:

> Cálices de plata
> cálices de oro
> cálices de cerámica
> esperando en líneas
> para recibir el preciado contenido:

cada uno diferente en brillo
en forma
en color
pero recibe la totalidad
de la sangre que no tiene precio,
la bebida refrescante de salvación.
Cada cristiano
esperando con otros
para recibir el precioso don;
cada uno diferente en brillo
en forma
en color
recibe la totalidad
de la sangre sin precio,
la bebida refrescante de salvación:
la sangre de Cristo derramada por todos.[16]

Un grupo merecedor de servicios con especial reverencia son los impedidos. Sería un acto de hospitalidad llevarles la Comunión directamente a su sitio en la iglesia para librarlos de las posibles dificultades de acercarse hasta el punto de distribución de la Comunión. Algunas personas impedidas que están incapacitadas físicamente para caminar apreciarían mucho este gesto hospitalario. Para otras, sin embargo, esta práctica sería un acto silencioso de inhospitalidad: los impedidos pueden sentir una necesidad sicológica y espiritual real de unirse a sus hermanos y hermanas que van a recibir al Señor en la Sagrada Comunión y así celebrar su igualdad como miembros del Cuerpo de Cristo. Los ministros eucarísticos no deben decidir por los impedidos cómo estos deben recibir al Señor, sino que deben preguntarles cortesmente cómo se les puede servir mejor en el ministerio de la Comunión.

4. *Prisa* al compartir el Cuerpo y la Sangre de Cristo es tal vez el hábito más destructivo para tu ministerio. Los Obispos de los Estados Unidos han declarado: "Es de gran importancia que los ministros eviten apresurarse o precipitarse. La adminis-

tración de la Comunión debe hacerse con dignidad y reverencia."[17] Dignidad y reverencia es la cura al veneno de la prisa.

Si nos interesa que la gente reciba la Comunión con reverencia (y debe interesarnos), tenemos que estar interesados en no apresurarnos a completar el servicio de la Comunión lo más pronto posible. Mi madre tenía razón cuando decía que ¡dar la Comunión no es un trabajo que se paga por pieza! Evitarás la tentación de apresurarte si mantienes dignidad y reverencia, estas relajado y relajas a los demás, eres cuidadoso pero no escrupuloso. Compartir la Comunión es una oportunidad que te brinda Dios para encarnar las cualidades deseables que aparecen en un anuncio de la línea aérea de la China: "Atención, Ceremonia, Respeto: Señales de Servicio." Compartir la Comunión es una ceremonia divina-humana que requiere atención y respeto; estas cualidades tienen que ser señales de tu servicio.

5. El ministerio de la Comunión es sólo para aquellos que se sienten cómodos mirando a otros y pueden tocarlos con facilidad. La acción humana al compartir el Cuerpo y la Sangre de Cristo requiere contacto visual, verbal y táctil para expresar una comunión personal. La persona que sirves merece toda tu atención. Tu encuentro con el que comulga dura sólo un instante; no es posible ensayarlo antes de que suceda ni repetirlo más tarde. Los dones eucarísticos del Señor son infinitos y no se pueden disminuir o perder a causa de las flaquezas o errores del ministro. Pero la gente a quien prestas tus servicios pueden recibir únicamente lo que están preparados a recibir y tu actitud y acciones son parte de la preparación inmediata para la Comunión. Si miras a la línea de gente que se acerca o revisas a la congregación en vez de dar toda tu atención a la persona ante ti, se perderá casi todo el valor *humano* del encuentro. El Señor Jesús estará presente, pero tú, su siervo, habrás oscurecido su presencia hasta cierto punto. Si eres capaz de ignorar todo y a todos en el momento de la comunión,

serás capaz de dar la bienvenida a la persona ante ti con entera atención y reverencia indiscutible. Esa era la clase de atención que Jesús prestaba a los pecadores bien conocidos y a los casi santos, a los justos y a los injustos, a los niños alegres y a los adultos tristes; esa es la clase de bienvenida que puedes dar a tus hermanos y hermanas al servirles en nombre de Jesús.

Cuando se acerca una persona a comulgar, se cumple el dicho de Jesús: "Donde hay dos o tres reunidos en mi Nombre, yo estoy ahí en medio de ellos (Mat 18:20). ¿Cuándo y dónde se puede cumplir mejor este dicho? Cristo está presente en su Cuerpo y su Sangre; él está presente también en el que comulga y en el ministro que se han juntado en su nombre: "El Cuerpo de Cristo." "Amén!" "La Sangre de Cristo." "Amén."

Tu profesas tu propia fe al decir "El cuerpo de Cristo" y "La Sangre de Cristo" cuando sirves a tus hermanos y hermanas. Tú también inspiras la fe de los que comulgan cuando responden "Amén." Puede suceder que su respuesta de fe aumentará tu abilidad de inspirar esa respuesta. He tenido el privilegio de celebrar la Misa semanalmente como miembro del equipo de capellanes del Convento de San Benito, la comunidad de religiosas vecina a la Abadía de San Juan. Allí tengo el privilegio especial de dar la Comunión a Sor Eva, una de las hermanas mayores de la comunidad. Cuando ella se acerca a comulgar no hay ninguna duda en su mente (ni tampoco en la mía) sobre lo que va a hacer: ¡ella va a recibir al Señor! La manera en que se presenta y su postura, la cara serena, las manos extendidas cuidadosamente, la inclinación de la cabeza al Señor en la Eucaristía (y también hacia mí, ministro indigno que soy) la sonrisa momentánea al contemplar la hostia en sus manos, todo me revela que ella entra plenamente en este momento sagrado. Y me pregunto: ¿habré entrado yo en este momento sagrado tan totalmente como ella? Su reverencia al recibir la Comunión de mis manos profundiza mi propia reverencia al dar la Comunión a ella y a las demás que le siguen.

Al darle la comida fortalecedora de la Eucaristía a Sor Eva, ella me da fortaleza; ¡es un intercambio maravilloso!

Todos los que comulgan de tus manos tienen el derecho al valor humano y divino completo de este momento sagrado. Pero algunas veces tu estado físico o sicológico te hace sentir como si fueras un obstáculo en vez de una ayuda. En esos momentos, trata de cumplir tu ministerio con fe, devoción y cuidado sin prestar atención a tu disposición o sentimientos. El espíritu de alegría y paz dentro de ti mismo, aunque esté bien escondidos dentro de ti, se harán visibles sin importar cómo te sientas en ese momento. El Señor Jesús da a sus siervos el don especial de la fortaleza al empezar a servir la comida sagrada a sus hermanos y hermanas. Mientras esperas para rendir tu servicio durante la liturgia, mira a la congregación y repítete a ti mismo: 'esta asamblea, esta reunión del pueblo santo de Dios de la que formo parte, es el Cuerpo de Cristo hecho visible, oíble y tangible aquí y ahora, en este lugar y en este momento. He aceptado el llamado de Dios a ayudar esta asamblea, Cuerpo de Cristo, para que se una a Cristo, la Cabeza en la Sagrada Comunión. Todo lo que haga y diga deben ayudarle a recibir al Señor Jesús con más reverencia y amor. Con tu ayuda, Señor Jesús, les voy a servir bien." Sólo cuando invites a otros con alegría y devoción al banquete, aunque te sea difícil hacerlo, podrás tú disfrutar del mismo.

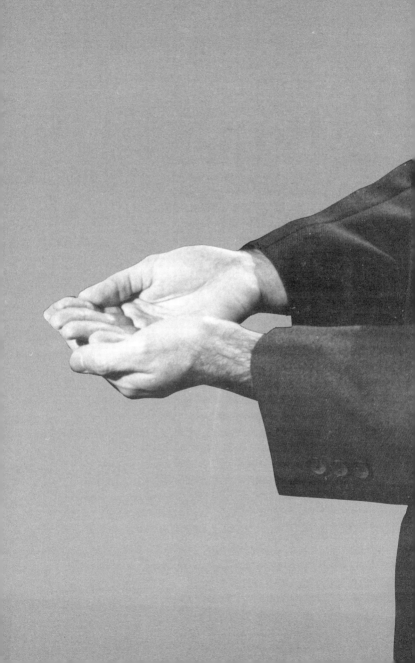

Compartiendo el Pan

6. Cuando los que van a comulgar se detienen frente a ti, diríjete a esa persona; no te dirijas al aire, al pan o al cáliz porque quieres sacar un ¡"Amén"! de esa persona. Levanta el pan un poco, mira amistosamente a la persona cara a cara y di con convicción: "El Cuerpo de Cristo." Si sabes el nombre de la persona lo puedes incluir. Si el Señor llama a su pueblo por su nombre (Isa 43:1), es deseable que llamemos por su nombre a los que vienen a esta comunión tan personal. No temas usar el nombre sin apellido ya que tal vez no es posible conocer a toda la parroquia y no es bueno que algunos se sientan olvidados. Si ese gesto personal les agrada y quieren que les llames por su nombre se sentirán libres de decirte su nombre. Los nombres en las camisas, en las chaquetas o en joyas como pendientes o cadenas puden ayudarte a hacer el momento de compartir la Comunión más personal. Debes hablar lo suficientemente fuerte como para que los que tienen problemas auditivos puedan responder con su "Amén" en el momento dado. Los ministros que ponen el pan en la lengua o en la mano antes de que el que comulga pueda decir "Amén" no están suficientemente atentos. Si al poner el pan en la mano o en la lengua haces un poco de presión los que comulgan y tienen dificultad en ver, se darán cuenta que está ahí y se sentirán más aceptados.

7. Hay tres clases de contactos necesarios al compartir la Comunión: visual, verbal y táctil. Deja que los ojos miren al

que comulga para que le reflejes las maravillas del amor de Dios
en la Eucaristía. Deja que tu voz anuncie la invitación de Dios
al banquete de vida eterna. Deja que tus manos toquen las
manos de los que comulgan cuando sirves los dones de Dios.
Deja que los que comulgan sientan la textura del pan y de *tu
mano*; deja que tu mano sienta la mano de los que comulgan
(puede ser tan suave o áspera como la tuya). Es posible poner
el pan en la mano de las personas de manera "antiséptica" pero
se ¡perdería mucho del calor humano y personal del momento!

Hay algo muy hermoso al ayudar la gente a recibir la
Comunión en la mano. Romano Guardini ha escrito que "los
instrumentos principales y los espejos más claros del alma son
la cara y las manos."[18] Aun las manos permanentemente su-
cias de un mecánico, por ejemplo, son hermosas porque mues-
tran el oficio de la persona y son manos que reciben el toque
salvífico del Señor y el toque reverente nuestro.

Es triste notar que no todos han aprendido a recibir la
Comunión en la mano. Si observas que muchos niños y adultos se acercan a recibir la Comunión sin indicar claramente si
desean recibir en la mano, o que agarran el pan con los dedos,
o que no responden "Amén" en el momento indicado, debes
sugerir a tu párroco y al comité de liturgia que hay necesidad
de instruirlos. Esa sugerencia y una instrucción desde el púl-
pito o en el boletín de la parroquia te ayudarán a ser un mejor
ministro de la Comunión.

8. Permite que los que van a comulgar te indiquen cómo
quieren hacerlo. Algunos niños a veces extienden las manitos
muy bajas, y la patena te puede impedir ver las palmas abier-
tas; será necesario modificar la posición de la patena. Pon el
pan en las manos o en la lengua con reverencia. Esto no es una
acción parecida a poner cambio en el mostrador del supermer-
cado, sino más bien como si estuvieras dando un tesoro de la
familia, un anillo de diamantes de tu bisabuela. ¡Qué gran

cuidado pondrías si tuvieses un tesoro así! ¿Seremos menos cuidadosos al servir el Cuerpo y la Sangre de Cristo?

Compartiendo el Cáliz

9. Debe haber dos ministros con cáliz por cada ministro que sirve el pan ya que compartir el cáliz se lleva más tiempo que compartir el pan. Si sirves como ministro del cáliz, colócate a una distancia de unos cinco o seis pies del ministro del pan. Esto permitirá que la gente que comulga se mueva con facilidad y la procesión de la Comunión sea más ordenada. Presenta el cáliz con un gesto hospitalario y di: "La Sangre de Cristo," y puedes añadir el nombre de la persona, si lo sabes.

10. Al pasar el cáliz al que comulga deja que tus manos le toquen con naturalidad. Deja que el que comulga tome el cáliz con las dos manos pero guía el cáliz a los labios de los niños. Después que la persona que comulga te devuelva el cáliz, limpia el borde con el purificador y dale una pequeña vuelta antes de repetir los mismos pasos para la próxima persona. Es bueno indicar el modo de recibir el cáliz en ciertas celebraciones eucarísticas (por ejemplo, la Misa de Media Noche) para beneficio de los que no estén familiarizados con esta práctica.

11. Tus acciones al servir el pan y el vino deben ser muy simples. Pero al hacerlas debes recordar que lo haces en memoria de Jesucristo. Por medio de tus palabras y gestos amables repites la invitación de Jesús a sus discípulos: "Tomen y Coman . . . este es mi Cuerpo. Tomen y beban . . . esta es mi Sangre. Reciban mi Cuerpo y Sangre entregados por ustedes." La entrega de Cristo y *la tuya* deben encarnarse en el modo

en que sirves el Cuerpo y la Sangre de Cristo para que su invitación sea genuina. Tienes que imitar a Cristo en su entrega porque él ha hecho la entrega más completa que el mundo ha visto.

12. Trata de que al servir el pan y el cáliz a los demás lo hagas con gracia y reverencia. Tu reverencia por la Eucaristía y por los que sirves será contagiosa.

Camina con reverencia hacia el altar (durante la fracción del pan y cuando la congregación canta o recita el "Cordero de Dios"). Si es necesario traer más pan del tabernáculo al altar debes hacerlo antes de que el celebrante diga "Este es el Cordero de Dios . . ."; al hacer esto las palabras y los gestos del que preside abarcarán todo el pan ya que toda la comida sobre el altar en ese momento es el banquete. El que preside puede añadir unos pedacitos de la hostia grande a los copones que has traído del tabernáculo para que así algunos de los que van a comulgar en cada una de las estaciones comparta el pan que se ha consagrado en esa Misa.

Tú puedes traer otras patenas y otros cálices al altar durante el "Cordero de Dios," o puedes ayudar al que preside partiendo el pan y llenando los copones. También puedes esperar con reverencia a un lado o en la parte de atrás del altar. Es apropiado que el que preside o el diácono te sirvan el pan y el cáliz; auto-servicio, estilo cafetería, no tiene lugar entre los que simbolizan el servicio humilde a los demás. Cuando la Comunión de un gran número de ministros puede hacerse muy larga, "el que preside puede servir al diácono y/o a dos de los ministros de la Comunión. Estos pueden entonces servir la Comunión a los otros ministros para que la Comunión de la asamblea pueda empezar de inmediato."[19] Aunque las instruccione oficiales indican que el que preside y los ministros deben recibir la Comunión antes de servir a la asamblea, puede ser más apropiado recibir *después* que todos han comulgado; de esta manera muestras a tus huéspedes que los valoras lo suficiente como para servirlos primero y tú esperas hasta el final. Este asunto debe decidirse en consulta con los celebrantes, los ministros y el comité de liturgia.

Asume tu posición con reverencia al recibir la patena o el cáliz y al colocarte en la estación para la Comunión. Mantén los pies un poco separados para tu comodidad y balance. Tu postura debe indicar que estás relajado pero listo a prestar un servicio atento. Tu actitud debe ser la de los anfitriones cuidadosos y no la de un soldado en puesto de guardián.

Sostén la patena y el cáliz con reverencia. Sosténlos como si estos y lo que contienen fuesen algo muy preciado, pero sin escrúpulos que llaman la atención y pueden causar accidentes. Una gran reverencia hacia lo que tienes "debe ser vista y sentida por todos; no es una humildad falsa, sino una gran alegría y deleite en el hecho de que compartes el Cuerpo y la Sangre del Señor. Esto se podrá ver en el modo de levantar y llevar la patena, en tu postura erguida, en como devuelves el cáliz y la patena a la mesa. Es posible que sea solo cuestión de usar las dos manos en vez de una sola para llevar el cáliz y la patena."[20] Resiste la tentación de deslizar las patenas y los cálices sobre los manteles resbalosos del altar cuando necesites moverlos aunque sean unas pocas pulgadas, o de agarrar los cálices por los bordes. ¡Por algo tienen tallo los cálices!

Si necesitas partir algunos pedazos de pan en trozos más pequeños para que nadie se quede sin la Comunión, pide a uno de los que comulgan que sostenga el plato; así evitas que pedazos de hostias caigan al suelo al partirlas. Si en tu congregación se acostumbra a usar pan más sólido, sería muy bueno tener un ayudante para que sostenga el plato. Donde el número de los que comulgan es tan grande que hay la posibilidad de que se vacíen los recipientes rápidamente, un ministro de la Comunión puede estar encargado de llevar más pan y vino a las estaciones y también ayudar a recoger el pan y el vino que quedaron y los recipientes.

Si tú o uno de los que comulgan deja caer un pedazo de pan (y esto sucede aun cuando se tomen todas las precauciones), bájate a recogerlo sin alarma (los que comulgan a veces se paralizan con temor). Pon este pan a un lado para que puedas disponer de él con reverencia después de la Comunión o de la Misa. Se puede tener una pequeña fuente cubierta y con agua cerca del tabernáculo donde ese pedazo de pan se deja desintegrar; más tarde se hecha el agua en el sumidero especial de la sacristía que se llama el *sacrarium*. Si el vino se derrama, lava el área inmediatamente usanto un paño limpio y un recipiente con agua. Se debe disponer de esa agua en el sacrarium y el paño se coloca con los ostros linos usados del altar.

Remueve el pan y el vino que no se usaron con reverencia. "El Señor está presente aun después de la Comunión. Por eso después que la Comunión ha sido servida, las partículas sagradas que quedan se deben consumir o ser colocadas por el ministro en el sitio donde se reserva la Eucaristía."[21] No hay que ser escrupuloso en este renglón, pero hay que tratar de no causar escándalo ni dar la impresión de que se niega la creencia de la Iglesia Católica y Romana sobre la presencia de Cristo en la Eucaristía. Las migajas se deben tratar con reverencia después de la Misa ya sea consumiéndolas o mezclándolas en agua y hechando la mezcla en el sacrarium. Los cálices que contienen vino no deben dejarse en las mesetas de la sacristía con las canastas para la colecta. El vino que sobre no debe guardarse en el tabernáculo sino que se lo deben tomar los ministros después de la Comunión o de la Misa.

Tu reverencia deberá ser evidente en todas tus acciones; como caminas en el santuario, como pones las manos, como haces la genuflexión, como pones el pan y las manos sobre el cáliz, como devuelves las patenas y los cálices a la mesa, como remueves el pan y el vino que no se usaron. Tus movimientos deben ser cuidadosos e intencionales pero naturales y sinceros. Debes servir con dignidad y humildad para encarnar reverencia por el cuerpo de Cristo, la Cabeza y los miembros.

13. La rutina es la muerte de la reverencia. Te estás dejando llevar por la rutina cuando tu voz no tiene ánimo, cuando no esperas que los que comulgan respondan "Amén," cuando te enfadas porque parece que toda la congregación se ha ido a *tu* línea, cuando al mirar a los que se acercan sólo vez números y no personas. ¿Te podrías imaginar a Jesús mirando los pies de los apóstoles y contando los que faltaban por lavar? ¡Imposible!

Cuando todo te parezca una rutina o pienses sólo en el largo de las líneas, es hora de que vuelvas a enfocar el significado de las acciones que haces. Detente y piensa que das la Comunión a una persona solamente, la próxima que está en línea. Piensa en lo cuidadoso y reverente que serías si sólo tuvieras que dar la Comunión a una persona en cada liturgia. En realidad eso es lo que estás haciendo. No importa si das la Comunión a diez personas o a cien, cada persona recibe la Comunión de tus manos *una sola vez*. Tu presencia y tus acciones influirán mucho en cómo esa persona recibirá al Señor en la Sagrada Comunión ese día, por bien o por mal. Ese es el reto y la responsabilidad de tu llamado al ministerio. El Obispo Kenneth Untener de Saginaw, Michigan, dice que tu servicio, "requiere mucha precisión. Requiere concentración. Requiere expresiones verbales y no verbales. Requiere práctica. Y requiere mucho amor. No estoy diciendo que debe ser hecho de manera dramática o exagerada. Pero debe hacerse genuina y expresivamente. La persona que en verdad *sirve* la Eucaristía a cien personas tiene que estar cansada cuando termine. Es algo que demanda mucho."[22] El esfuerzo de las cuerdas vocales y de los músculos de la espalda es parte de la ligera carga del Señor Jesús quien nos da fuerza para el ministerio y por medio del mismo.

14. Al completar tu servicio dentro de la liturgia y retornar a tu sitio, la celebración Eucarística estará por terminar. Tal vez llevas la Comunión a los enfermos después de la Misa

pero al completar tu servicio a la asamblea del Pueblo de Dios puedes repetir las palabras de esta canción de Juan A. Espinosa:

Cristo está conmigo,
junto a mí va el Señor;
me acompaña siempre
en mi vida hasta el fin.

Ya no temo, Señor la tristeza
ya no temo, Señor, la soledad
porque eres, Señor, mi alegría
tengo siempre tu amistad.

Los que en verdad han recibido el servicio de Cristo en la Eucaristía, un servicio que Cristo da por medio de tus manos, sabrán que ellos tienen que servir a sus hermanos y hermanas. La liturgia "es un río que fluye de la gran bondad de Dios; no solamente enseña sino que conduce al amor."[23] El buen ejemplo y las lecciones que das como ministro de la Comunión conducirá a los demás al servicio generoso de sus prójimos.

Ministerio de la Comunión
a los enfermos y confinados

Los laicos que llevan la Eucaristía a los enfermos y confinados en sus casas u hospicios, incluyendo a miembros de su propias familias, están restaurando una práctica que floreció mucho entre el siglo dos y el cinco. En esos primeros siglos de la cristiandad, los laicos llevaban el pan eucarístico a sus casas después de la Eucaristía del domingo y lo guardaban en sus casas. Allí el Cuerpo de Cristo se convertía en el "pan de cada día" de la familia y lo consumían con reverencia cuando se reunían para su comida principal.

Cerca del año 150, San Justino mártir comentó que en Roma los diáconos llevaban la Comunión a los cristianos que no estaban presentes en la asamblea por enfermedad o estaban presos a causa de su fe. Es posible que San Justino incluyera ese detalle en su defensa del cristianismo para dar información correcta a sus lectores paganos. El hecho de que los cristianos incluyeran a los miembros ausentes por medio del compartir en la comida eucarística, parecía muy extraña a los paganos y era una característica peculiar de los cristianos. Los paganos creían que ellos tenían que estar presentes físicamente en el templo si querían beneficiarse del culto. Pero esto no era cierto entonces, en cuanto a los cristianos se refería y tampoco es cierto ahora.

1. La asamblea cristiana que celebra el culto incluye a los que no pueden estar presente por medio de la persona del ministro que se ha designado a llevar la Comunión a sus hermanos y hermanas. "Y por eso es muy apropiado que ellos vayan inmediatamente después de la Eucaristía del domingo. Se les puede enviar a desempeñar su ministerio con un rito dentro

de las oraciones finales de la Misa."[24] Los ministros se pueden reunir en el santuario o en el pasillo principal ante el altar para recibir una bendición especial. Luego pueden seguir a los otros ministros de la liturgia durante el canto de despedida. De esta manera, la comunidad de los que celebran el domingo se unirá de manera visible a los enfermos y ancianos que no pueden participar por completo en la Eucaristía del domingo.

2. Según el documento La Sagrada Comunión y el Culto a la Eucaristía Fuera de la Misa, "La Eucaristía para la comunión fuera de la iglesia se debe llevar en una píxide o en otro recipiente cubierto; la ropa del ministro y la manera en que ha de llevar la Eucaristía debe ser apropiada y siguiendo las circunstancias locales."[25] Anteriormente, el sacerdote o acólito que llevaba la Comunión a los enfermos en sus casas o en el hospital mantenía silencio absoluto. Hoy, los ministros de la comunión se pueden encontrar en situaciones que exigen romper ese silencio y no se consideraría irreverente (por ejemplo, devolver el saludo de un vecino en la calle). Cierta seriedad al llevar la Eucaristía te prepararía para servir con más devoción a tus hermanos y hermanas enfermos y prevendría una actitud descuidada que está fuera de lugar en este rito.

3. Tu familiaridad con el rito de la "Comunión en Circunstancias Ordinarias" debe ser patente desde el momento en que saludas al enfermo hasta que te despides. Los obispos de los Estados Unidos aprobaron un texto para este rito en noviembre de 1982. Difiere sólo un poco del texto provisional que se había estado usando, pero debes estar familiarizado con esta última versión aprobada.

Familiaridad con el rito oficial no quiere decir que hay que seguirlo con esclavitud. Circunstancias particulares en la situación del enfermo, su condición física o sicológica pueden hacer de la celebración algo un poco menos ordenado de lo que aparece en el rito (¡y no te debes culpar ni culpar al enfermo por eso!). Por ejemplo, alguna conversación placentera entre el enfermo y tú debe seguir la conclusión del rito de Comunión (después que el enfermo tiene tiempo para decir sus oraciones de gracias en silencio o en voz alta). Pero también puede haber ocasiones en que la conversación precede al rito de Comunión como en el caso de un enfermo deseoso de compartir alguna noticia). El rito oficial empieza de manera muy formal pero un saludo más familiar puede preparar mejor al enfermo para una recepción más fructífera de la Eucaristía. Tú, como ministro, debes conocer bien el rito y la gente a quien sirves para poder adaptar un rito general en beneficio de personas bien específicas. El sentido común es una cualidad tan deseable en los ministros litúrgicos como en las demás personas; ¡de hecho es una necesidad y no un lujo!

4. Los enfermos pueden preguntarse sobre las reglas de la Iglesia para el ayuno Eucarístico y apreciarán tu explicación exacta de esas reglas para sus casos. Esta legislación se encuentra en el Código Revisado del Derecho Canónico promulgado por el Papa Juan Pablo II el 25 de enero de 1983. El primer y el tercer párrafo del canon 919 declara que:

> Los que reciben la Sagrada Eucaristía deben abstenerse de toda comida o bebida, exceptuando el agua y las medicinas, por lo menos por un período de una hora antes de la Sagrada Comunión.

> Los que son muy avanzados en edad o sufren alguna enfermedad, como también los que los cuidan, pueden recibir la Sagrada Comunión aun cuando hayan tomado algo durante la hora anterior.[26]

Por lo tanto si los ancianos o enfermos (y los que los cuidan) han comido, bebido o ingerido sus medicinas un poco antes de tu visita, eso no impide que reciban la Comunión.

Aunque es preferible traer la Comunión directamente de la Misa dominical, es mejor preguntar a los enfermos la mejor hora para visitarlos y hacer los arreglos necesarios para complacerlos. El ritmo de descanso, comidas y medicinas en la vida de los enfermos puede indicar una hora más tarde en la mañana u otra hora más conveniente. Tú y los demás ministros de la Comunión pueden coordinar visitas más tempranas o más tardes en diferentes puntos de la parroquia.

Los que están con los enfermos deben preparar algunas cosas antes de que llegue el ministro de la Comunión siempre y cuando no sea muy inconveniente:

1) una mesita cubierta con un mantel en la cual se puede poner la Eucaristía.
2) velas encendidas
3) agua bendita y una ramita para rociarla.

5. El Segundo Concilio Vaticano insitió que las celebraciones sagradas deben incluir "lecturas de la Sagrada Escritura más abundantes, más variadas y más apropiadas."[27] Todos los ritos sacramentales revisados ahora incluyen una liturgia de la Palabra para expresar el significado de la acción sacramental. El rito de la Comunión de los enfermos incluye un gran número de lecturas bíblicas que tú o alguien presente debe seleccionar por adelantado y proclamar; el enfermo puede indicar cual de las lecturas prefiere. Recuerda que debes hablar en voz alta y despacio cuando sirves a una persona sorda. Puedes seleccionar una de las lecturas del domingo o de las fiestas de la Eucaristía; y puedes explicar la lectura según las necesidades específicas del enfermo o puedes resumir la homilía que escuchaste en la Eucaristía de ese día. De este modo habrás compartido la Palabra y el sacramento que alimentaron a la comunidad parroquial, alimento que los miembros enfermos también tienen derecho a recibir. Antes de tu visita, puedes preparar algunas peticiones generales (oración de los fieles); invita a los presentes a agregar otras y luego tú concluyes con la oración final, pero es deseable que otra persona lea o haga

las intenciones. La parroquia te puede proporcionar una copia de las peticiones generales que usan en la Eucaristía del domingo y puedes adaptarlas para decirlas con los enfermos.

6. ¿Porqué no invitas a otras personas en la comunidad (especialmente miembros de tu familia) para que te acompañen cuando lleves la Comunión a los enfermos? Los enfermos y los que te acompañen alcanzarán un sentido más claro de su identidad como "un cuerpo en Cristo y miembros unos de otros" (Rom 12:5). Los enfermos no son *objetos* del ministerio, sino partícipes integrales de la comunidad que brinda servicio y los incluye como miembros que sufren de su propio cuerpo, el Cuerpo de Cristo. Para que se sientan incluídos puedes imponerles las manos con fervor, un gesto sanador y consolador que debe ser parte de tu ministerio.

7. El boletín parroquial contiene información importante que es de interés a los enfermos (anuncios de servicios de unción general, lista de los hospitalizados y de los que han fallecido), y al traerles una copia se sentirán parte de las actividades de la comunidad aun cuando no puedan participar de lleno.

8. Llevar la Comunión deber ser un momento importante para el ritmo de oración personal y comunitaria del enfermo. Debes estar preparado para sugerir oraciones que puedan ayudarle a rezar con regularidad y fervor. Podrás hacer esto con más facilidad si tú eres persona de oración personal y comunitaria.

La Sagrada Comunión fuera de la Misa

El rito para dirigir servicios de Comunión en la iglesia se encuentra en el documento "La Sagrada Comunión y el Culto de la Eucaristía Fuera de la Misa". Este rito se usa principalmente cuando la Eucaristía no puede celebrarse, pero el servicio de la Comunión no es un sustituto para la Misa: la Misa y el servicio de la Comunión celebran la muerte salvífica de Cristo y su resurrección y como compartimos en ellas.

El siguiente esquema incluye los elementos del rito de la Comunión fuera de la Misa con la celebración de la Palabra. Las partes en [   ] son deseables pero no son requiridas en el rito oficial.

Rito de Introducción

- —[Canción de entrada o de invitación]
- —Saludo
- —Rito penitencial
- —[Oración de entrada]

Celebración de la Palabra de Dios

- —Una o más lecturas de las Escrituras
- —Salmo después de la primera lectura, canto u oración en silencio

—[Aclamación antes del Evangelio]
—Evangelio
—Homilía
—Peticiones

Sagrada Comunión

—La Eucaristía reservada se trae al altar, seguida de una genuflexión
—El Padre Nuestro
—Abrazo de la paz
—Genuflexión antes del "Cordero de Dios . . ."
—Servicio de la Comunión y se puede cantar durante ese tiempo
—La Eucaristía se retorna al sagrario
—Silencio, un salmo o una canción de alabanza
—Oración final y todos se ponen de pié (14 opciones)

Rito de Conclusión

—Bendición (simple, solemne u oración sobre el pueblo)
—Despedida
—[Canto de despedida o música instrumental]

Acto de Dedicación Personal para Ministros Especiales de la Sagrada Comunión

(Basado en el Rito de Comisión)

Recuerdo con gratitud que se me ha confiado el ministerio de la Eucaristía, llevar la Comunión a los enfermos y dar el viático a los moribundos.

Acepto la responsabilidad de ser un ejemplo de vida cristiana en fe y en obras. Reafirmo mi deseo de procurar avanzar en santidad por medio del sacramento de la unidad y el amor. Recuerdo que, aunque somos muchos, somos un sólo cuerpo porque compartimos el mismo pan y el mismo cáliz.

Reconozco que el ministerio de la Sagrada Comunión requiere que yo observe de manera especial el mandamiento del Señor de amar al prójimo. Cuando el dió su Cuerpo y Sangre a los discípulos para que comieran, les dijo: "Este es mi mandamiento, que se amen unos a otros como yo les he amado."

Resuelvo de nuevo asumir el oficio de servir el Cuerpo y la Sangre del Señor a mis hermanos y hermanas y así edificar la Iglesia.

Resuelvo de nuevo ser ministro de la Sagrada Eucaristía con gran reverencia y cuidado.

Le pido al Dios Todopoderoso, Padre, Hijo + y Espíritu Santo que me bendiga cuando yo sirva el pan de vida y el cáliz de salvación al pueblo de Dios, mis hermanos y hermanas en el Señor. Que fortalecidos por este sacramento podamos disfrutar finalmente del banquete del cielo, donde Jesús es Señor para siempre. Amén.

Notas

1. Instrucción *Immensae Caritatis* sobre la Facilitación de la Comunión Eucarística Sacramental en *Vatican Council II: The Conciliar and Post Conciliar Documents*, ed. Austin Flannery, O.P. (Collegeville, Minn.: The Liturgical Press, 1975) 226–227.

2. *Ibid.* 227.

3. *Ibid.*

4. Augustine, Sermón 229 "On the Sacraments of the Faithful," trans. Sister Mary Sarah Muldowney, R.S.M., in the Fathers of the Church series, Vol 38 (New York: The Fathers of the Church, Inc., 1959) 201.

5. Roger Lloyd, *The Letters of Luke the Physician* (London: Allen & Unwin, Ltd., 1957) 72.

6. Augustine, Sermón 229,202.

7. *Ibid.*

8. "Rite of Commissioning Special Ministers of Holy Communion," no. 2, *The Rites of the Catholic Church*, II (New York: Pueblo Publishing Company, Inc., 1980) 165.

9. Aidan Kavanagh, *Elements of Rite: A Handbook of Liturgical Style* (New York: Pueblo Publishing Company, Inc., 1982) 12.

10. Augustine, Sermón 304, 1–4, in *The Liturgy of the Hours*, IV (New York: Catholic Book Publishing Company, Inc., 1975) 1305–1306.

11. Augustine, Sermón 272, citado en *Assembly*, el órgano del Notre Dame Center for Pastoral Liturgy, Vol. 7, No. 3 (Febrero 1981) 119.

12. Comité de los Obispos para la Liturgia, *Christian Commitment* (Washington, D.C.: United States Catholic Conference, 1978).

13. *Instrucciones Generales del Misal Romano*, no. 301.

14. "Rite of Distributing Holy Communion by a Special Minister." no. 13, *The Rites of the Catholic Church*, II (New York: Pueblo Publishing Company, Inc., 1980) 169.

15. Boletín del Comité de los Obispos para la Liturgia, XII (Agosto de 1976) 30.

16. Esta reflexión del autor sobre el cáliz de la Comunión se publicó originalmente en *Assembly*, vol. 8, no. 1 (Septiembre 1981) 143.

17. Comité de Obispos para la Liturgia, Study Text 1: La Sagrada Comunión (Washington, D.C.: United States Catholic Conference 1973) 15.

18. Romano Guardini, *Sacred Signs*, trans. Grace Branham (Wilmington, Del.: Michael Glazier, Inc., 1979) 15.

19. Michael Ahlstrom, in *Liturgy 80*, vol 14, no. 1 (Enero-Febrero 1983) 12.

20. Gabe Huck, "The Acolyte: Ministers of Communion," en *Liturgy with Style and Grace* (Chicago: Liturgy Training Program, Archdiocese of Chicago, 1978) 110.

21. Instrucción *Inaestimabile Donum* en Ciertas Normas sobre el Misterio Eucarístico, no. 13.

22. Kenneth Untener, *Sunday Liturgy Can Be Better!* (Cincinnati: St. Anthony Messenger Press, 1980) 75.

23. Odo Casel, *The Mystery of Christian Worship*, ed. Burkhard Neunheuser, O.S.B. (Westminster, Md.: The Newman Press, 1962) 93.

24. Melissa Kay "For Ministers of Communion," en *Touchstones for Liturgical Ministers*, ed. Virginia Sloyan (Washington, D.C.: The Liturgical Conference, 1978) 22.

25. Holy Communion and Worship of the Eucharist Outside Mass, no. 20, *The Rites of the Catholic Church*, I (New York: Pueblo Publishing Company, Inc., 1976) 462.

26. Código del Derecho Canónigo, 343.

27. Constitución *Sacrosanctum Concilium* sobre la Sagrada Liturgia, no. 35 en Documentos del Vaticano II. Biblioteca de Autores Cristianos (Madrid, España: 1977).